团 体 标 准

公路玄武岩纤维及其复合筋水泥混凝土路面技术指南

Technical Guideline for Highway Application of Basalt Fiber and Its Composite Reinforced Concrete Pavement

T/CHTS 10025—2020

主编单位：吉林省交通科学研究所
发布单位：中国公路学会
实施日期：2020 年 09 月 30 日

人民交通出版社股份有限公司
北 京

图书在版编目(CIP)数据

公路玄武岩纤维及其复合筋水泥混凝土路面技术指南：T/CHTS 10025—2020 / 吉林省交通科学研究所主编. —北京：人民交通出版社股份有限公司，2020.10
ISBN 978-7-114-16781-2

Ⅰ.①公… Ⅱ.①吉… Ⅲ.①玄武岩—纤维增强材料—水泥混凝土路面—指南 Ⅳ.①U416.216-62

中国版本图书馆 CIP 数据核字(2020)第 151654 号

标准类型：团体标准
Gonglu Xuanwuyan Xianwei ji Qi Fuhejin Shuini Hunningtu Lumian Jishu Zhinan
标准名称：公路玄武岩纤维及其复合筋水泥混凝土路面技术指南
标准编号：T/CHTS 10025—2020
主编单位：吉林省交通科学研究所
责任编辑：郭红蕊　韩亚楠
责任校对：刘　芹
责任印制：刘高彤
出版发行：人民交通出版社股份有限公司
地　　址：(100011)北京市朝阳区安定门外外馆斜街 3 号
网　　址：http://www.ccpcl.com.cn
销售电话：(010)59757973
总 经 销：人民交通出版社股份有限公司发行部
经　　销：各地新华书店
印　　刷：北京市密东印刷有限公司
开　　本：880×1230　1/16
印　　张：1.5
字　　数：40 千
版　　次：2020 年 10 月　第 1 版
印　　次：2020 年 10 月　第 1 次印刷
书　　号：ISBN 978-7-114-16781-2
定　　价：200.00 元

(有印刷、装订质量问题的图书由本公司负责调换)

中国公路学会文件

公学字〔2020〕55号

中国公路学会关于发布《公路玄武岩纤维及其复合筋水泥混凝土路面技术指南》的公告

现发布中国公路学会标准《公路玄武岩纤维及其复合筋水泥混凝土路面技术指南》(T/CHTS 10025—2020),自2020年9月30日起实施。

《公路玄武岩纤维及其复合筋水泥混凝土路面技术指南》(T/CHTS 10025—2020)的版权和解释权归中国公路学会所有,并委托主编单位吉林省交通科学研究所负责日常解释和管理工作。

中国公路学会

2020年9月21日

T/CHTS 10025—2020

前言

在总结前期玄武岩纤维复合筋、玄武岩纤维水泥混凝土试验及研究成果基础上，通过大量的实体工程应用，借鉴国内外的相关规范，本着"安全耐久、技术先进、经济合理"的理念，制定本指南。

本指南按照《中国公路学会标准编写规则》(T/CHTS 10001)编写，共分为7章，主要内容包括：总则、术语和符号、材料、配筋设计、玄武岩纤维水泥混凝土配合比设计、施工、质量控制。

本指南实施过程中，请将发现的问题和意见、建议反馈至吉林省交通科学研究所(地址：吉林省长春市进化街908号；联系电话：0431-86026017；电子邮箱：lijianhangketizu@163.com)，供修订时参考。

本指南由吉林省交通科学研究所提出，受中国公路学会委托，由吉林省交通科学研究所负责具体解释工作。

主编单位：吉林省交通科学研究所

参编单位：东南大学、大连理工大学、吉林建筑大学、河南省交通科学技术研究院有限公司、吉林通鑫玄武岩科技股份有限公司、浙江石金玄武岩纤维股份有限公司、四川航天拓鑫玄武岩实业有限公司、山西晋投玄武岩开发有限公司、江苏绿材谷新材料科技发展有限公司、江苏天龙玄武岩连续纤维股份有限公司、湖北汇尔杰玄武岩纤维有限公司、四川尔润玄武岩纤维科技有限公司、四川炬原玄武岩纤维科技有限公司、吉林省华阳新型复合材料有限公司、吉林省标准研究院、吉林盛弘玄武岩制品有限公司、中交第一航务工程局有限公司

主要起草人：李舰航、吴智深、时成林、孙福申、杨斌、郭庆、鲁亚义、邱文亮、戴国亮、汪昕、刘建勋、王骞、李光辉、刘春萍、刘文涛、刘国庆、吕东冶、王力波、江铭、许加阳、王孙富、姜厚文、魏星、薛晓薇、吴敏勇、吴旭东、王先刚、王洋、陈国忠、杜鹏刚

主要审查人：李华、付智、黄颂昌、薛忠军、冯德成、黄晓明、曾赟、周海涛、金志强、韩亚楠

T/CHTS 10025—2020

目　次

1 总则 ··· 1
2 术语和符号 ··· 2
　2.1 术语 ··· 2
　2.2 符号 ··· 2
3 材料 ··· 3
　3.1 玄武岩纤维 ··· 3
　3.2 玄武岩短切纤维 ·· 3
　3.3 玄武岩纤维复合筋 ··· 3
　3.4 其他 ··· 5
4 配筋设计 ·· 6
　4.1 一般规定 ·· 6
　4.2 构造要求 ·· 6
　4.3 配筋计算 ·· 7
5 玄武岩纤维水泥混凝土配合比设计 ·· 8
　5.1 一般规定 ·· 8
　5.2 路面用水泥混凝土玄武岩纤维掺量 ·· 8
　5.3 桥面铺装用水泥混凝土玄武岩纤维掺量 ··· 9
　5.4 性能检验 ·· 9
6 施工 ·· 10
　6.1 一般规定 ··· 10
　6.2 铺筑试验段 ·· 10
　6.3 施工准备 ··· 10
　6.4 玄武岩纤维复合筋网制作与安装 ·· 10
　6.5 玄武岩纤维水泥混凝土施工 ·· 11
7 质量控制 ··· 13
　7.1 一般规定 ··· 13
　7.2 施工前质量检验 ··· 13
　7.3 施工过程质量控制 ··· 13
　7.4 质量验收 ··· 14
用词说明 ·· 15

公路玄武岩纤维及其复合筋水泥混凝土路面技术指南

1 总则

1.0.1 为指导玄武岩纤维、玄武岩纤维复合筋在公路水泥混凝土路面中的应用,提高工程质量,制定本指南。

1.0.2 本指南适用于公路水泥混凝土路面、桥面铺装的新建、改扩建及养护工程。

1.0.3 公路玄武岩纤维及其复合筋水泥混凝土路面、桥面铺装除应符合本指南规定外,尚应符合有关法律、法规及国家、行业现行有关标准的规定。

2 术语和符号

2.1 术语

2.1.1 玄武岩纤维　basalt fiber

以天然玄武岩为原料,通过高温熔融、高速拉丝、表面处理制成的连续纤维。

2.1.2 玄武岩短切纤维(BFCS)　basalt fiber chopped strand

将玄武岩纤维按规定长度剪切而成的纤维。

2.1.3 玄武岩纤维复合筋(BFCB)　basalt fiber composite bar

以玄武岩纤维为增强材料,与树脂(环氧树脂、乙烯基树脂等)、固化剂等基体相结合,经拉挤工艺成型的复合筋材。

2.1.4 玄武岩纤维水泥混凝土　basalt fiber reinforced cement concrete

掺加玄武岩短切纤维的水泥混凝土。

2.1.5 玄武岩短切纤维掺量　proportion of basalt fiber chopped strand

玄武岩短切纤维在单位体积水泥混凝土中所占的质量,单位 kg/m^3。

2.2 符号

f_{fd}——玄武岩纤维复合筋的抗拉强度设计值,MPa;

f_{fk}——玄武岩纤维复合筋的抗拉强度标准值,MPa;

γ_f——材料分项系数;

γ_c——环境影响系数;

A_{sx}——纵向玄武岩纤维复合筋全部截面面积,mm^2;

A_{sf}——纵向钢筋全部截面面积,mm^2;

f_{yf}——钢筋抗拉设计强度,MPa。

3 材料

3.1 玄武岩纤维

3.1.1 玄武岩纤维技术要求应符合表 3.1.1 的规定。

表 3.1.1 玄武岩纤维技术要求

项 目	单 位	要 求	试 验 方 法
密度	g/cm³	2.60～2.80	JTG E30 T0503
含水率	%	≤0.2	GB/T 9914.1
可燃物含量	—	标称值±0.2%	GB/T 9914.2
断裂强度①	MPa	≥1800	GB 20310
耐碱性,断裂强度保留率	%	≥75	GB/T 23265
弹性模量①	GPa	≥75	GB 20310

注：① 试验值的变异系数不应大于10%。

3.2 玄武岩短切纤维

3.2.1 玄武岩短切纤维的规格和尺寸应符合表 3.2.1 的规定。

表 3.2.1 玄武岩短切纤维规格和尺寸

纤维类型	公称长度(mm)		单丝公称直径（μm）
	水泥砂浆	水泥混凝土	
原丝	3～15	12～30	9～25
加捻合股纱	6～50		7～13

3.2.2 玄武岩短切纤维技术要求应符合表 3.2.2 的规定。

表 3.2.2 玄武岩短切纤维技术要求

项 目		单 位	要 求	试 验 方 法
外观		—	金褐色或深褐色、平直、无杂质	目测
长度偏差	3mm～10mm	mm	±1.5	尺量
	≥10mm		±2.0	
直径偏差率		—	公称直径的±15%，变异系数不大于14%	GB/T 7690.5

3.3 玄武岩纤维复合筋

3.3.1 复合筋表面质地应均匀、无气泡、无裂纹及其他缺陷。

条文说明：复合筋的型号应依据《公路工程 玄武岩纤维及其制品 第4部分：玄武岩纤维复合筋》(JT/T 776.4—

2010)进行选择使用。喷砂作为新型复合筋增强工艺,对无螺纹复合筋有着较好的作用,设计者可以依据设计经验或试验成果进行选用。对于喷砂复合筋,其轴向连续无砂区长度不得大于10cm,径向无砂区长度不得大于周长的1/3,无砂区不超过3处/m。

3.3.2 玄武岩纤维复合筋的几何尺寸及允许偏差应符合表3.3.2的规定。

表3.3.2 玄武岩纤维复合筋几何尺寸及允许偏差

公称直径 (mm)	内径(mm)	
	公称尺寸	允许偏差
3	2.9	±0.2
6	5.8	±0.3
7	6.8	±0.4
8	7.7	±0.4
10	9.6	±0.4
12	11.5	±0.4
14	13.4	±0.4
16	15.4	±0.4
18	17.3	±0.4
20	19.3	±0.5
25	24.2	±0.5

3.3.3 玄武岩纤维复合筋技术要求应符合表3.3.3的规定。

表3.3.3 玄武岩纤维复合筋技术要求

项 目	单 位	要 求	试验方法
密度	g/cm³	1.9~2.1	GB/T 1463
弹性模量	GPa	≥45	JT/T 776.4
抗拉强度标准值	MPa	≥750	JT/T 776.4
断裂伸长率	%	≥1.6	JT/T 776.4
纵向热膨胀系数	×10⁻⁶/℃	6~12	GB/T 2572
耐碱性,抗拉强度保留率	%	≥75	GB/T 34551

注1:玄武岩纤维复合筋拉挤成型24h后进行测试。
注2:耐碱性的试验龄期选用30d。

3.3.4 玄武岩纤维复合筋强度等级应符合表3.3.4的规定。

表3.3.4 玄武岩纤维复合筋强度等级

强度等级	抗拉强度标准值 f_{fk} (MPa)	试验方法
BF75	≥750	GB/T 1447
BF90	≥900	
BF100	≥1000	
BF110	≥1100	

注:抗拉强度标准值保证率为95%。

3.4 其他

3.4.1 玄武岩纤维水泥混凝土所用水泥、粗集料、细集料、水、矿物掺合料应符合现行《公路水泥混凝土路面施工技术细则》(JTG/T F30)的规定。

3.4.2 玄武岩纤维水泥混凝土外加剂应符合现行《混凝土外加剂》(GB 8076)的规定。

4 配筋设计

4.1 一般规定

4.1.1 玄武岩纤维复合筋保护层最小厚度不应小于15mm。

4.1.2 桥面玄武岩纤维水泥混凝土铺装层(不含整平层和垫层)的厚度不宜小于80mm,其强度等级不应低于CBF40。

4.1.3 用于桥面铺装层的玄武岩纤维复合筋直径应不小于6mm,间距不宜大于100mm。

4.2 构造要求

4.2.1 水泥混凝土路面与桥面铺装的结构形式可分为复合筋水泥混凝土、钢筋玄武岩纤维水泥混凝土、复合筋玄武岩纤维水泥混凝土。

条文说明:水泥混凝土路面与桥面铺装可以选择复合筋与玄武岩纤维水泥混凝土单一或组合使用,即复合筋既可以与普通水泥混凝土形成复合筋水泥混凝土铺装,也可以与玄武岩纤维水泥混凝土形成复合筋玄武岩纤维水泥混凝土铺装;玄武岩纤维水泥混凝土则既可以与钢筋形成钢筋玄武岩纤维水泥混凝土铺装,也可以与复合筋形成复合筋玄武岩纤维水泥混凝土铺装。

4.2.2 水泥混凝土路面复合筋网纵向筋间距宜不大于150mm、横向间距宜不大于300mm;纵向、横向最小间距应不小于集料最大粒径的2倍。

4.2.3 桥面水泥混凝土铺装纵向和横向筋材宜采用相同或相近的直径,纵向和横向筋材间距宜一致。

4.2.4 桥面水泥混凝土铺装层的筋网宜设在顶面下1/4~1/2厚度范围内,横向筋位于纵向筋之下。

4.2.5 复合筋网宜采用钢筋支架架设并绑扎连接,其数量应不少于5个/m²~8个/m²。

4.2.6 复合筋搭接长度按照以下方法进行设计:

1 受拉复合筋的锚固长度应通过试验确定。当无试验数据时,锚固长度可按式(4.2.6)计算,且复合筋的最小锚固长度不应小于20d。当锚固长度不足时,应采用可靠的机械锚固措施。

$$l_a = \frac{f_{fd}}{8 f_{td}} d \tag{4.2.6}$$

式中:l_a——复合筋锚固长度,mm;

d——复合筋直径,mm;

f_{fd}——复合筋抗拉强度设计值,MPa;

f_{td}——混凝土抗拉强度设计值,MPa。

2 受拉复合筋纵筋绑扎接头的搭接长度不应小于$1.6 l_a$;当复合筋的实际应力与抗拉强度设计值的比值小于0.5,且搭接长度范围内配置的复合筋面积占计算所需总面积的50%以下时,搭接长度可折减为$1.4 l_a$。

3 构造用复合筋绑扎搭接长度不应小于其公称直径的35倍;同一垂直断面上绑扎接头数量不应多于1个,相邻复合筋的绑扎接头应交错布置,接头间距不应小于500mm。

4.3 配筋计算

4.3.1 复合筋抗拉强度设计值应按式(4.3.1)进行计算：

$$f_{fd} = \frac{f_{fk}}{\gamma_f \gamma_e} \quad (4.3.1)$$

式中：f_{fd}——复合筋的抗拉强度设计值，MPa；
  f_{fk}——复合筋的抗拉强度标准值，MPa；
  γ_f——材料分项系数，取1.25；
  γ_e——环境影响系数，按表4.3.1取值。

表 4.3.1 复合筋环境影响系数

环 境 类 别	环境影响系数
非暴露环境	1.1
暴露环境	1.25

4.3.2 路面复合筋全部截面面积宜根据等代强度法进行替换，等代计算按式(4.3.2)进行，其配筋量按照《公路水泥混凝土路面设计规范》(JTG D40—2011)第6.2.1条进行计算。

$$A_{sx} = \frac{A_{sf} f_{yf}}{f_{fd}} \quad (4.3.2)$$

式中：A_{sx}——纵向复合筋全部截面面积，mm²；
  A_{sf}——纵向钢筋全部截面面积，mm²；
  f_{fd}——复合筋抗拉强度设计值，MPa；
  f_{yf}——钢筋抗拉设计强度，MPa。

4.3.3 桥面铺装的配筋宜根据原设计钢筋配筋量采用式(4.3.2)等代强度法替换。

5 玄武岩纤维水泥混凝土配合比设计

5.1 一般规定

5.1.1 玄武岩纤维水泥混凝土的配合比设计应满足弯拉强度、工作性、耐久性及经济性要求。

5.1.2 玄武岩纤维水泥混凝土的强度等级应按现行《混凝土强度检验评定标准》(GB/T 50107)确定,其与普通混凝土的强度等级对应关系如表5.1.2所示。

表5.1.2 玄武岩纤维水泥混凝土与普通混凝土强度等级对应关系

玄武岩纤维水泥混凝土	CBF30	CBF35	CBF40	CBF45	CBF50	CBF55	CBF60
普通水泥混凝土	C30	C35	C40	C45	C50	C55	C60

5.2 路面用水泥混凝土玄武岩纤维掺量

5.2.1 路面用玄武岩纤维水泥混凝土的配合比设计应参照现行《公路水泥混凝土路面施工技术细则》(JTG/T F30)进行。

5.2.2 用于提高混凝土抗弯拉性能时,纤维掺量宜为 $2.5 kg/m^3 \sim 3.5 kg/m^3$。玄武岩纤维水泥混凝土弯拉强度应比同一配合比下的普通水泥混凝土提高10%以上。

5.2.3 用于提高混凝土抗裂性能时,纤维掺量宜为 $1.3 kg/m^3 \sim 8.0 kg/m^3$,其抗裂性应符合下列规定:

1 用于路面抗裂性的纤维混凝土实验室实测早期裂缝降低率不应小于30%,早期抗裂等级不应低于表5.2.3中L~Ⅲ等级。

2 用于桥面抗裂的纤维混凝土实验室实测早期裂缝降低率不应小于60%,早期抗裂性等级不应低于表5.2.3中L~Ⅳ等级。

3 掺入玄武岩纤维的混凝土应与相同配合比普通混凝土做早期抗裂性对比试验,试验方法应按《公路水泥混凝土路面施工技术细则》(JTG/T F30—2014)附录E进行。

表5.2.3 抗裂纤维混凝土早期抗裂等级及其裂缝降低率

抗裂等级	L-Ⅰ	L-Ⅱ	L-Ⅲ	L-Ⅳ	L-Ⅴ
单位面积上的总开裂面积$C(mm^2/m^2)$	$C \geq 1000$	$700 \leq C < 1000$	$400 \leq C < 700$	$100 \leq C < 400$	$C < 100$
平均裂缝降低率$\beta(\%)$	0	0~30	30~60	60~90	>90

注1:抗裂等级的划分源于《混凝土耐久性检验评定标准》(JGJ/T 193—2009)。
注2:混凝土早期抗裂性试验结果满足C与β其中之一即可确定抗裂等级。

5.2.4 用于提高混凝土抗冻性能时,纤维掺量宜为 $3.0 kg/m^3 \sim 3.5 kg/m^3$。

条文说明:水泥混凝土的抗冻性能主要以引气剂等外加剂为主,玄武岩纤维具有提高水泥混凝土抗冻性能的作用。玄武岩纤维与引气剂等其他类型外加剂混合使用时应通过试验确认掺加比例。

5.3 桥面铺装用水泥混凝土玄武岩纤维掺量

5.3.1 纤维掺量宜为 $2.5kg/m^3 \sim 3.5kg/m^3$。

5.3.2 配合比设计宜按下列步骤进行：

1 根据设计的强度等级，按照现行《普通混凝土配合比设计规程》(JGJ 55)的规定，进行普通混凝土配合比设计。

2 根据抗裂性能要求初估纤维掺量，按照现行《公路桥涵施工技术规范》(JTG/T F50)检验混凝土工作性能，确定纤维设计掺量。

3 在满足设计要求的前提下，宜选用满足施工要求的低水胶比的配合比。

5.4 性能检验

5.4.1 玄武岩纤维水泥混凝土抗冻、抗渗性能应符合现行《公路水泥混凝土路面施工技术细则》(JTG/T F30)的规定。

5.4.2 玄武岩纤维水泥混凝土的长期性能和耐久性能指标应符合现行《公路水泥混凝土路面施工技术细则》(JTG/T F30)的规定。

6 施工

6.1 一般规定

6.1.1 每批玄武岩短切纤维及玄武岩纤维复合筋应提供产品合格证。

6.1.2 玄武岩短切纤维及玄武岩纤维复合筋储存应通风、防火、防晒、防潮、防腐蚀、防污染。

6.1.3 其他进场材料应符合本指南技术要求，并提供质量检测报告，加强施工质量控制，对各施工环节的各项质量指标进行检测。

6.2 铺筑试验段

6.2.1 施工前应铺筑试验段。路面试验段宜选在主线直线段，铺筑长度宜为100m～200m；桥面铺装层试验段宜选择小桥或通道进行。试验段应编制施工方案。

6.2.2 通过试验段试铺确定以下施工工艺及相关参数：

1 确定进料顺序、拌和时间、偏差控制、纤维掺加方式等。
2 检验水泥混凝土的施工性能、技术参数和实测强度。
3 确定铺筑机械、工艺参数及拌和能力匹配情况。
4 确定施工组织方式、质量控制水平和人员配备。

6.2.3 试验段铺筑后应提交试验报告。

6.3 施工准备

6.3.1 玄武岩纤维及其复合筋水泥混凝土路面与桥面铺装的施工准备应符合现行《公路水泥混凝土路面施工技术细则》(JTG/T F30)的规定。

6.3.2 复合筋网设置位置应按照设计图纸准确放样，复合筋网所采用的复合筋直径、间距、设置位置、尺寸、层数等应符合设计图纸要求。

6.4 玄武岩纤维复合筋网制作与安装

6.4.1 复合筋切割应符合下列规定：

1 切割长度应按照施工设计图纸进行。
2 盘筋应拉直后进行切割。
3 应采用高速切割机锯等工具切割，不应挤压切割。
4 应减少在地面上的拖拽，防止复合筋表面磨损。
5 操作人员应佩戴防尘面具、工作手套及防护眼镜等。

6.4.2 复合筋网应按照施工图纸要求制作，其允许偏差应满足表6.4.2的要求。

表 6.4.2 玄武岩纤维复合筋网制作允许偏差

项 目	允许偏差(mm)
网的长度与宽度	±10
网眼尺寸	±20
骨架宽度及筋网固定高度	±5
骨架的长度	±10

6.4.3 复合筋搭接与绑扎应符合下列规定：

1 纵横向复合筋搭接长度应满足本指南第 4.2.6 条的规定。

2 复合筋的交叉点宜采用直径 0.7mm～2.0mm 的不锈铁丝或镀塑铁丝绑扎，其数量应占全部交叉点的 60% 以上。

3 绑扎复合筋的铁丝丝头不应进入水泥混凝土保护层内。

6.4.4 复合筋网安装应符合下列规定：

1 按照设计要求安装支架。

2 复合筋网不应在地面上拖拽。

3 安装在支架上的复合筋网不应移位、松脱，安装高度的允许偏差宜在±5mm之内。

6.5 玄武岩纤维水泥混凝土施工

6.5.1 拌制应符合下列要求：

1 玄武岩纤维水泥混凝土原材料质量应按照施工配合比计量，其偏差应符合表 6.5.1 的规定。

表 6.5.1 材料计量允许偏差

项 目	材料名称				
	玄武岩短切纤维	水泥和矿物掺和料	粗细集料	水	外加剂
允许偏差(%)	±1	±1	±2	±1	±1

2 玄武岩短切纤维的添加宜采用自动计量投料设备。

3 玄武岩纤维水泥混凝土应采用强制式搅拌机拌和。拌和时，应将玄武岩短切纤维、粗细集料、水泥和矿物掺和料先干拌 60s 以上，加水与外加剂后湿拌 90s～120s。对于玄武岩短切纤维掺量大于 3.0kg/m³ 或 CBF50 以上时，宜延长搅拌时间 10s～15s。

6.5.2 运输宜符合下列要求：

1 路面玄武岩纤维水泥混凝土宜使用自卸车运输。

2 桥面铺装玄武岩纤维水泥混凝土宜使用混凝土搅拌运输车运输。

6.5.3 摊铺布料应符合现行《公路水泥混凝土路面施工技术细则》(JTG/T F30)的规定。

6.5.4 浇筑与振捣应符合下列要求：

1 玄武岩纤维水泥混凝土浇筑倾落的自由高度不应超过 1.5m，当倾落高度大于 1.5m 时，应加串筒、斜槽、溜管等辅助工具。

2 玄武岩纤维水泥混凝土路面与桥面铺装浇筑应符合现行《公路水泥混凝土路面施工技术细则》(JTG/T F30)的规定。

3 玄武岩纤维水泥混凝土振捣时宜采用平板式振捣器振捣,当浇筑厚度超过10cm时也可采用插入式振动器振捣。

6.5.5 养生应符合下列要求:

1 玄武岩纤维水泥混凝土浇筑成型后,应采取及时喷洒养生剂、覆盖塑料薄膜等方式养生。

2 最短养生时间应满足表6.5.5的规定,当实测强度大于设计强度的80%时,可停止养生。

表6.5.5 不同气温条件下最短养生时间要求(d)

养生期间日平均气温(℃)	玄武岩纤维水泥混凝土路面层	桥面用玄武岩纤维水泥混凝土铺装层
5～9	24	21
10～19	21	14
20～29	14	10
30～35	10	7

7 质量控制

7.1 一般规定

7.1.1 玄武岩纤维水泥混凝土及其复合筋施工应根据全面质量管理的要求,建立健全有效的质量保证体系。

7.1.2 玄武岩纤维水泥混凝土路面与桥面铺装用其他材料,应符合本指南第3.4节的规定。

7.1.3 玄武岩纤维水泥混凝土及其复合筋施工的原始记录、试验检测等相关数据应如实记录和保存。

7.2 施工前质量检验

7.2.1 施工单位应以批为单位对玄武岩短切纤维及其复合筋进行进场抽样检查。

7.2.2 玄武岩短切纤维与复合筋检查的项目与频度应符合表7.2.2的规定。

表7.2.2 玄武岩短切纤维与玄武岩纤维复合筋质量检查的项目与频度

材料	项目	频度	平行试验次数或一次试验的频数	要求
玄武岩短切纤维	外观	随时	3	表3.2.2
	长度	每批1次	3	表3.2.2
	直径	每批1次	3	表3.2.2
	含水率	必要时	3	表3.1.1
玄武岩纤维复合筋	外观	随时	3	第3.3.1条
	尺寸	每批1次	3	表3.3.2
	拉伸强度	每批1次	3	表3.3.3
	弹性模量	每批1次	3	表3.3.3
	断裂伸长率	每批1次	3	表3.3.3

注:玄武岩短切纤维与玄武岩纤维复合筋的取样批应符合《公路工程玄武岩纤维及其制品》(JT/T 776—2010)的规定。

7.3 施工过程质量控制

7.3.1 玄武岩纤维水泥混凝土拌和时,应每间隔12h核定纤维掺量。其他应满足现行《公路水泥混凝土路面施工技术细则》(JTG/T F30)的规定。

7.3.2 复合筋网施工质量应符合表7.3.2的规定。

表 7.3.2 复合筋网质量要求

项次	检 查 项 目			规定值或允许偏差	检查方法和频率
1	网的长、宽(mm)			±10	尺量;全部
2	网眼尺寸(mm)			+10	尺量;每断面抽查 5 个网眼; 长度小于等于 20m 时,检查 3 个断面, 每增加 10m 增加 1 个断面
3	网眼对角线差(mm)			±15	尺量;每断面抽查 5 个网眼对角线; 长度小于等于 20m 时,检查 3 个断面, 每增加 10m 增加 1 个断面
4	网的安装位置(mm)	平面内		±20	尺量;测每网片边线中点
		平面外	距表面	±3	尺量;每断面抽查 3 处; 长度小于等于 20m 时,检查 3 个断面, 每增加 10m 增加 1 个断面
			距底面	±5	

7.3.3 浇筑前应检查筋网无移位、松脱、断裂等现象。

7.4 质量验收

7.4.1 玄武岩纤维水泥混凝土路面及桥面铺装层质量应按现行《公路工程质量检验评定标准》(JTG F80/1)的规定进行验收。

用 词 说 明

1 本指南执行严格程度的用词,采用下列写法:
1) 表示严格,在正常情况下均应这样做的用词,正面词采用"应",反面词采用"不应"或"不得"。
2) 表示允许稍有选择,在条件许可时首先应这样做的用词,正面词采用"宜",反面词采用"不宜"。
3) 表示有选择,在一定条件下可以这样做的用词,采用"可"。
2 引用标准的用语采用下列写法:
1) 在标准条文及其他规定中,当引用的标准为国家标准或行业标准时,应表述为"应符合《××××××》(××××)的有关规定"。
2) 当引用标准中的其他规定时,应表述为"应符合本指南第×章的有关规定""应符合本指南第×.×节的有关规定""应按本指南第×.×.×条的有关规定执行"。